Disney · PIXAR

une Vie de bestiole

Joue & trouve

Il y a **20 différences** entre ces deux dessins.
Tu les découvriras si tu cherches avec soin!

Trouve la princesse **Dot** et ses **attraits** charmants.
Regarde ce qui rend **Heimlich** aussi **gourmand**.

Il y a **20 différences** entre ces deux dessins.
Tu les découvriras si tu cherches avec soin!

Atta a de beaux **yeux**...mais n'ont-ils pas changé?
Quel est le **personnage** qui vient de s'ajouter?

Il y a **20 différences** entre ces deux dessins.
Tu les découvriras si tu cherches avec soin!

Dim et son **équipage** s'envolent à l'horizon,
Et il y a du nouveau dans la **végétation**...

Il y a **20 différences** entre ces deux dessins.
Tu les découvriras si tu cherches avec soin!

Est-ce que **Sauteur** n'a pas maintenant un **œil** bleu?
La **Reine** a-t-elle perdu un **ornement** précieux?

Il y a **20 différences** entre ces deux dessins.
Tu les découvriras si tu cherches avec soin!

Quelqu'un prête son dos à **Torti et Coli,**
Et quelque chose arrive aux **paupières** de **Gypsy**…

Il y a **20 différences** entre ces deux dessins.
Tu les découvriras si tu cherches avec soin!

En plus du beau **diadème** sur la tête de **Rosie**,
Vois comment a bougé la **lance** d'une **fourmi**!

Il y a **20 différences** entre ces deux dessins.
Tu les découvriras si tu cherches avec soin!

La place qu'occupait **Dot** est-elle toujours la même?
Sur le torse de **Flik**, il faut voir un **emblème**...

Il y a **20 différences** entre ces deux dessins.
Tu les découvriras si tu cherches avec soin!

Remarque bien les cils d'un certain faux oiseau,
Et la venue en scène de personnages nouveaux !

Il y a **20 différences** entre ces deux dessins.
Tu les découvriras si tu cherches avec soin!

À propos de **Francis**, il y a beaucoup à dire,
Tandis que des **fourmis** déménagent à loisir...

RÉPONSES : **1.** Atta est dans la scène. **2.** Il manque un bras à Slim. **3.** Le bras gauche de Francis est vers le bas. **4.** Les ailes de Manny sont orange. **5.** La Reine est apparue. **6.** Il y a des graines au premier plan. **7.** Un scout Blueberry a été ajouté. **8.** On voit Rosie au sommet du rocher. **9.** Il y a davantage de cailloux devant Francis. **10.** Un bras de Manny a bougé. **11.** Un des pois de Francis est devenu un triangle. **12.** Il y a une fourmi rose dans l'alignement. **13.** Francis tient un trèfle à la main. **14.** Il y a deux gouttes d'eau sur un brin d'herbe. **15.** Torti et Coli se sont joints aux fourmis. **16.** Une antenne de Manny est tournée dans l'autre sens. **17.** On voit des fleurs roses à gauche de l'image. **18.** Flik se montre sous la racine géante. **19.** Les pointes à gauche du bras gauche de Manny sont vertes. **20.** Près de là, une fourmi a disparu.

Il y a **20 différences** entre ces deux dessins.
Tu les découvriras si tu cherches avec soin!

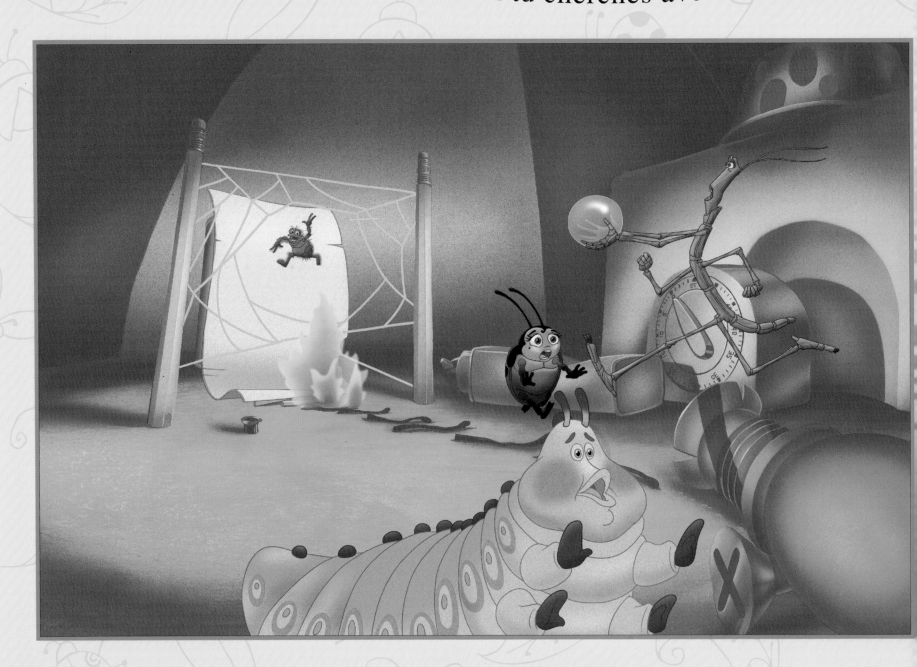

La puce **P.T.** et d'autres changent de position, Mais qu'y a-t-il encore de neuf chez les **crayons**?

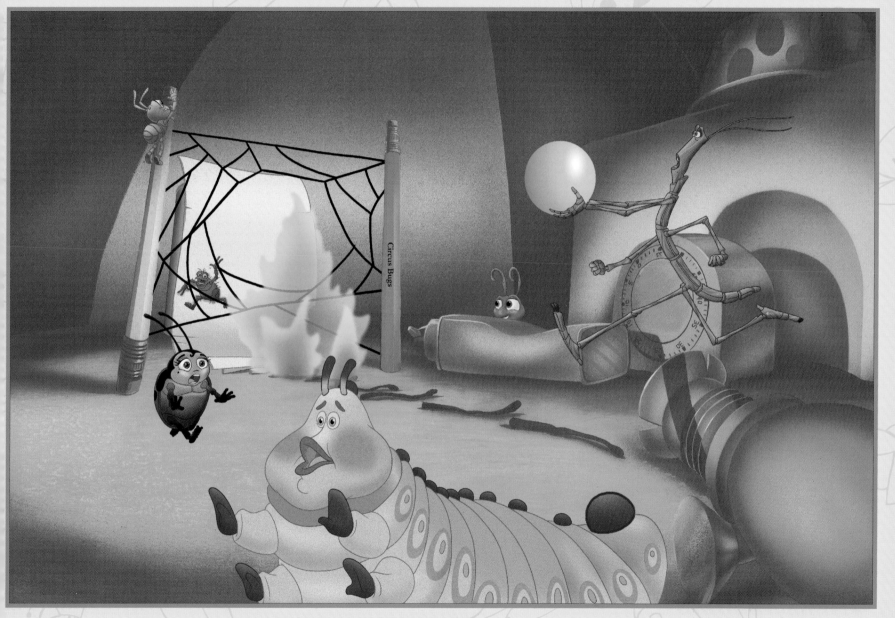

Il y a **20 différences** entre ces deux dessins.
Tu les découvriras si tu cherches avec soin!

Un **chapeau** haut de forme porté par une **fourmi**?
À toi de deviner ce qu'en pense **Rosie**!

Les Classiques de Disney

As-tu aimé cet album *Joue & trouve* ?
Tu pourras continuer à t'amuser en compagnie
de tes personnages favoris avec la collection
des Classiques de Disney ! En 96 pages
merveilleusement illustrées, tu retrouveras dans
chaque livre toutes les scènes du film et le
récit complet des aventures de tes héros.

*Les Classiques de Disney: une collection
unique pour revivre chacun des inoubliables
dessins animés de Disney!*

Phidal